Cómo ser un comprador inteligente

Jonathan Chen

CAPÍTULO 1 **Primeros pasos**

¿Eres un comprador inteligente? Los compradores inteligentes saben que el dinero es importante. Se usa para comprar todo lo que necesitamos, como alimentos y ropa. También usamos dinero para cosas que queremos, como juegos, libros o vacaciones. La gente trabaja mucho para ganar el dinero. No quieren **derrocharlo**. Los compradores inteligentes se esfuerzan por usar la plata de manera sabia. Aquí te damos algunos consejos para que te conviertas en un comprador inteligente.

Los compradores inteligentes planifican sus compras con anticipación.

Dinero que tengo	
Asignación semanal:	$5.00
Dinero de mi cumpleaños:	$15.00
Total:	$20.00

Gastos	
Refrigerios:	$2.00
Películas:	$6.00
Caridad:	$2.00
Total:	$10.00

Usas la suma para calcular un presupuesto.

Lo primero que debes hacer es un **presupuesto**. Un presupuesto es un plan de gastos que detalla el precio de los artículos que quieres. También muestra cuánto dinero tienes para gastar.

Mira el presupuesto de Sonia. Ella tiene el dinero que le dan por semana. También tiene el dinero que ahorró de su cumpleaños. El dinero le alcanza para comprar refrigerios e ir al cine esta semana. También guarda algo de dinero para donarlo a las personas que necesitan ayuda.

Puedes buscar anuncios en los periódicos.

Comparación de precios

Si tu familia quiere comprarse algo que cuesta mucho, lo primero que deberían hacer es una comparación de precios. Eso significa hacer una **investigación** sobre cuánto cuesta un artículo en diferentes lugares. Visita algunas tiendas y mira los precios. Una vez que hayas encontrado el precio más bajo, tu familia puede decidir dónde comprar dicho artículo. La comparación de precios es útil si vas a comprar algo caro, como una tele o una computadora.

Otra manera de comparar precios es usar internet. Tú y tu familia pueden comparar precios en diferentes sitios web. El artículo que quieres comprar podría ser más barato si lo compras por internet.

Algunos compradores visitan sitios web para ver las ofertas. Es útil si deseas comprar algo que cuesta mucho. Podrías ahorrar dinero si esperas una oferta. Un comprador inteligente siempre hace valer su dinero.

Hacer compras por internet puede ser riesgoso. En algunos sitios, un desconocido podría ver lo que compras. Podrían robar tu información y usar tu dinero. Asegúrate de que tu familia visite sitios web seguros. Nunca hagas una compra desde una computadora pública. Esa computadora podría almacenar tu información personal.

Comprando desde una computadora también ahorras el dinero de la gasolina.

CAPÍTULO 2 En el supermercado

Haz una lista de lo que necesitas antes de ir al supermercado. Este sistema hará que la compra sea mucho más fácil. Si lo planificas con tiempo, evitarás comprar cosas que no necesitas realmente. Planificar con anticipación te ayuda a valorar tu dinero.

Además, ¡intenta no ir de compras cuando tengas hambre! Todo se ve bien cuando tienes hambre. Podrías comprar más de lo que necesitas.

Lista de compras

leche
huevos
jugo de naranja
manzanas
zanahorias
lechuga
champú

Una lista de compras hace que tu visita al supermercado sea más rápida.

Asegúrate de tener suficiente dinero en tu presupuesto antes de comprar muchas cosas.

Ofertas y cupones

Muchos supermercados tienen ofertas. Por lo general, los artículos en oferta cambian todas las semanas. Mira los anuncios del supermercado. ¿Hay algo que uses mucho que esté en oferta? Si tienes espacio en casa, es una buena idea almacenar esos artículos. Asegúrate de que no sea algo que se arruine, o se eche a perder.

Otro modo de ahorrar plata es cocinar mucho de algo en particular. ¿Qué sucede si un día están en oferta los ingredientes que tu familia usa para hacer salsa de espaguetis? Compra mucha cantidad de esos ingredientes y prepara un gran lote de salsa. Pon una parte en el congelador. Cuando tengan ganas de comer un delicioso plato de espaguetis, todo estará listo. Esto ahorra tanto tiempo como dinero.

Puedes encontrar cupones en el periódico y en internet.

Otra manera de ser un comprador inteligente es usar cupones cuando pagas. Cada semana, tómate el tiempo de buscar cupones para las cosas que compras. Entrega al cajero los cupones válidos para los artículos que compras. La cantidad de dinero que indique el cupón será restada de tu cuenta. ¡La persona que inventó los cupones era un comprador muy inteligente!

Recibos

Antes de salir del supermercado, un comprador inteligente siempre controla su **recibo**. Un recibo es un registro de lo que compraste. También muestra cuánto pagaste por cada artículo. A veces, la máquina del supermercado muestra un precio más alto que el de la oferta. Si ves un error, avísale al gerente de inmediato.

Recuerda también contar el dinero que te dé el cajero. Controlar tu cambio es otra manera de ser un comprador inteligente.

Algunas personas guardan sus recibos para comparar precios de una semana a la otra.

Detective del lenguaje | Halla un adjetivo comparativo en esta página

CAPÍTULO 3 Resolver y planificar

Resolver compartiendo

¿Alguna vez has querido comprar algo que era demasiado caro? Quizás quieras comprar un equipo de videojuegos. Tal vez tú y tus hermanos quieran una bicicleta, pero el dinero en el presupuesto es menor que el dinero que cuesta comprar más de una. Puedes resolver este problema compartiendo las cosas.

Compartir te ayuda a acercarte a la familia y los amigos.

Ahorra dinero

Es una buena idea ahorrar algo de tu dinero. Si recibes una asignación semanal, intenta guardar un poco cada semana. También podrías ahorrar parte del dinero que te puedan dar como regalo.

Podrías invitar a tus vecinos a tu casa para jugar juntos.

También puedes compartir cosas caras con tus vecinos o amigos. La mayoría de las personas no usa el equipo de videojuegos todos los días. ¿Por qué, entonces, no comprar uno solo y turnarse para usarlo? Planifica compartir el costo de los juegos con un vecino. Haz un **calendario** de los días de la semana que podrás jugar.

Detective del lenguaje	**Halla un adjetivo comparativo en la página 10.**

Planificar con tiempo

Cuando algo vale mucho dinero, lleva tiempo y planificación pagarlo.

Sonia y su familia querían ir de paseo a un parque de diversiones, pero estaban preocupados por cuánto les costaría. Necesitaban averiguar si podrían pagar el paseo.

La familia decidió hacer un poco de investigación sobre los costos del parque de diversiones. Hallaron los costos en internet y usaron esa información para hacer una gráfica. Una gráfica es una buena manera de ver mucha información junta.

Haz un plan antes de salir de paseo.

mediacolor's/Alamy

La gráfica de barras de la familia muestra cuánto le costaría a cada miembro almorzar y consumir algunos refrigerios en el parque. También muestra cuánto valdrían las atracciones y los juegos. El almuerzo y los refrigerios costarían $6.00. Los juegos costarían $8.00. Las atracciones costarían $10.00. El costo total para cada persona sería de $24.00.

La familia de Sonia analizó su presupuesto. Cada persona tenía $25.00 para gastar en el paseo. ¡Tenían el dinero suficiente y podrían hacer el paseo!

No salirse del presupuesto hace que el paseo sea aún más divertido.

Gastar dinero puede ser divertido si lo planificas con cuidado.

Convertirse en un comprador inteligente no es fácil, pero estos consejos te ayudarán a dar los primeros pasos. Recuerda que el dinero es importante, ya que debemos tenerlo para comprar todo lo que necesitamos y queremos. Con práctica y un poco de paciencia, tú también puedes convertirte en un comprador inteligente. ¡Buena suerte!

Resumir

Usa detalles importantes para resumir *Cómo ser un comprador inteligente.*

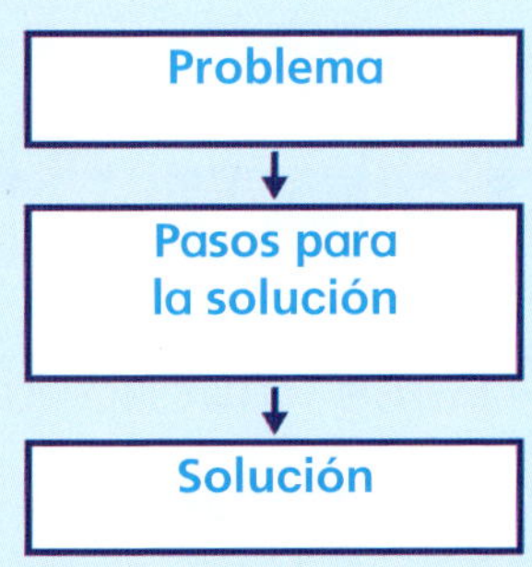

Evidencia en el texto

1. ¿Cómo sabes que *Cómo ser un comprador inteligente* es un texto expositivo? **GÉNERO**

2. ¿Cómo resolverías el problema de no tener dinero suficiente para un artículo caro? **PROBLEMA Y SOLUCIÓN**

3. Usa claves en el párrafo para deducir el significado de *calendario* en la página 11. **CLAVES EN EL PÁRRAFO**

4. Escribe sobre lo que es un presupuesto y sobre qué problema ayuda a resolver. **ESCRIBIR SOBRE LA LECTURA**

Compara los textos

Lee un mito sobre perseguir algo valioso.

El vellocino de oro

Hace mucho tiempo, Jasón debía ser el rey. Sin embargo, un hombre malvado le robó el reino. Jasón sabía que, para recuperar su reino, tendría que darle al rey algo valioso. Decidió buscar el vellocino de oro, que era la lana de un carnero dorado y poco común. Mucha gente lo quería tener.

Jasón buscó algunos hombres valientes para que lo ayudaran a encontrar el vellocino. Se embarcaron y zarparon.

Jasón y sus hombres enfrentaron muchos desafíos en la búsqueda del vellocino de oro. Tuvieron que luchar contra monstruos y dragones. También batallaron contra terribles tormentas. Les llevó tiempo encontrar el vellocino, pero finalmente lo hallaron. Jasón y sus hombres regresaron de prisa al reino.

Jasón le entregó al rey el vellocino de oro y le reclamó el trono. El codicioso rey tomó el vellocino, pero le dijo que no le cedería el trono ni le devolvería el vellocino de oro. El rey y sus hombres echaron a Jasón fuera del reino. Jasón pasó el resto de su vida escondido. Nunca se convirtió en rey, ¡pero vivió muchas aventuras!

Illustration: Jason Bryant Parker

Haz conexiones

¿Por qué es importante el dinero? **PREGUNTA ESENCIAL**

¿Qué es valioso para diferentes personas? **EL TEXTO Y OTROS TEXTOS**

Glosario

calendario plan que indica qué sucederá en distintos momentos ***(página 11)***

derrochar gastar dinero sin pensarlo o en cosas innecesarias ***(página 2)***

investigación proceso de averiguar datos o reunir información ***(página 4)***

presupuesto plan de gastos de dinero ***(página 3)***

recibo papel que muestra lo que compraste y cuánto costó ***(página 9)***

Índice

Enfoque:

Estudios Sociales

Propósito Hacer y leer la gráfica de barras de un presupuesto

Paso a paso

Paso 1 Con un compañero o una compañera, creen la gráfica de barras de un presupuesto para un paseo como el de la página 13.

Paso 2 Averigüen cuánto cuestan las distintas cosas que deberán pagar. Luego, comparen los costos de las cosas.

Paso 3 Sumen los costos para ver cuánto dinero necesitarán.

Paso 4 ¿Cuánto costaría el viaje para los dos? Decidan cuál será la mejor manera de gastar el dinero que tienen.